AF337616

BUGARD DE RAVELDON

LA FRANCE

EST-ELLE

RÉPUBLICAINE, IMPÉRIALISTE

OU

ROYALISTE ?

PARIS

A LA PETITE LIBRAIRIE

47, Rue Bonaparte, 47

BUGARD DE RAVELDON

LA FRANCE

EST-ELLE

RÉPUBLICAINE, IMPÉRIALISTE

OU

ROYALISTE ?

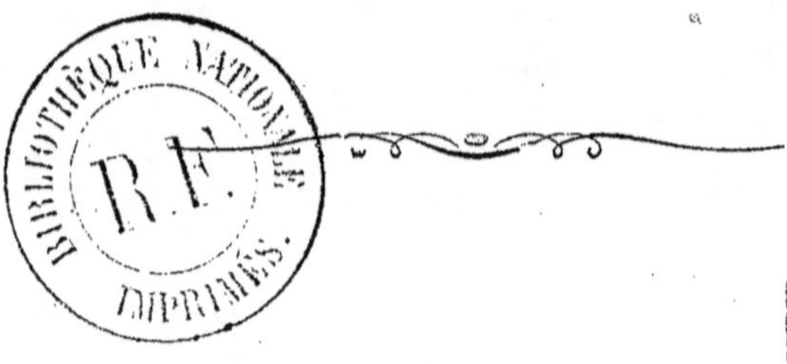

PARIS

A LA PETITE LIBRAIRIE

47, Rue Bonaparte, 47

LA FRANCE

EST-ELLE

RÉPUBLICAINE, IMPÉRIALISTE, OU ROYALISTE?

I

Notre esprit politique

Regardons avec attention, écoutons en tâchant de ne pas confondre les sons qui font écho partout autour de nous; lisons la relation des faits, sans nous laisser tromper par aucun commentaire, par aucune réticence, par la pompeuse phraséologie de circonstance, et il nous sera facile de répondre à la question qui fait le titre de cette brochure, et que tout homme calme, judicieux, désirant se rendre un compte exact de tout, se fait à lui-même.

En effet, pour celui qui prête toute son attention à tout ce qui se dit de tous côtés, qui recueille avec soin — pour sa propre instruction — les propos tenus par les plus grands comme par les plus petits; pour celui enfin qui possède encore aujourd'hui un peu de bon sens, et observe, l'esprit calme et le cœur froid, la marche irrégulière des événements, pour celui-là, l'avenir n'est pas absolument indéchiffrable, les apparences ne le peuvent tromper, il se rend compte des causes et des effets, et peut affirmer quelle est actuellement l'opinion politique des Français.

Mais, malheureusement! nous ne sommes pas cet homme calme et judicieux.

Emportés par le sentiment de nos préférences, par nos haines, par nos passions politiques; étourdis par le vacarme que font les partis, nous ne nous expliquons point les événements, nous ne voyons qu'obscurité, nous ne pouvons rien prévoir, nous perdons le sens commun ; — et de peur d'entendre dans cette lutte peu patriotique, mêlée de clameurs et de bruits attristants, dans la grande crainte de voir dans cette confusion de toutes les idées quelque chose qui ne flatte pas nos souhaits ou nos ambitions, nous préférons faire les aveugles ou la sourde oreille.

Nous mettons de la mauvaise foi dans l'interprétation des faits qui s'accomplissent; nous nous obstinons, avec haine et aigreur, mentant à nous-mêmes, à vouloir faire croire que nos défaites sont des triomphes; nous nous accordons toutes les vertus, et nous refusons à nos opposants la moindre qualité; notre principe est le seul honnête, celui des autres n'est basé que sur le crime et le mensonge; nous réclamons, nous exigeons brutalement nos droits, et nous contestons celui des autres, oubliant trop facilement, avec complaisance, qu'avant nos droits, nous avons des devoirs à observer envers autrui ; et à la moindre apparence de la réalisation de nos désirs, nous entonnons le champ du triomphe, tyrannisant, jetant la moquerie, la raillerie et l'injure à la face de nos adversaires, sans nous rappeler qu'ils sont des concitoyens, des Français comme nous.

Pour l'ouvrier, il suffit qu'on soit prince pour être un vil homme, il suffit qu'on soit bourgeois pour être un accapareur, un exploiteur de la classe pauvre; — pour le bourgeois, de même, il suffit qu'on soit ouvrier pour être un voleur, un jaloux de sa fortune, un ennemi acharné de son bien-être, un perturbateur de la tranquillité sociale, enfin un homme nul au point de vue du bien, capable que de mal faire, un membre de la confrérie du diable! Et voilà que la Liberté! l'Égalité! la Fraternité! ces étalages bruyants de sentiments généreux, désintéressés, humains, philanthropiques que nous nous efforcions de répandre à un autre moment, ne sont plus que de vaines garanties, des subterfuges pour arriver au pouvoir : — la Liberté n'est plus que de la licence; l'Égalité qu'un mensonge, et la Fraternité, la Fraternité ! ce mot que nous ne réclamons que pour nous seuls — et la Fraternité, cette sœur de tous les humains, devient notre frère aîné : Caïn!... et le patriotisme déserte les cœurs, n'exalte plus les esprits, ne féconde pas les imaginations de tous ces élans qui font naitre, qui font venir aux lèvres de chacun les mots de paix, les baisers de concorde; nos diverses classes sociales, aussi ambitieuses, aussi blâmables les unes que les autres, deviennent, au sein même de la patrie, comme Français contre Prussiens.

II

La cause de nos dissidences

Cependant, il arrive un instant, au plus fort de notre aveugle colère, que, tout étonnés de ce que nous ressentons, nous nous arrêtons, et le sentiment bon, dévoué, généreux, inné seulement dans notre race... (La France seule a sacrifié ses intérêts pour le bien d'autres nations...) et le sentiment généreux, inné dans nos seuls cœurs de Français, nous fait oublier tout, et nous reconnaissons — malheureusement toujours trop tard — que si nous nous sommes haïs un moment, c'est que des déclassés, des aventuriers, qui suscitent les discordes sociales afin de trouver l'entière satisfaction de leurs goûts dépravés, la pleine jouissance de leurs plaisirs honteux, le libre exercice de leurs basses et criminelles vengeances, et s'enrichissent de nos propres ruines, sont venus, armés de la calomnie et faisant mentir les faits, jeter en nous la semence des haines fratricides et récolter les fruits qui satisfont leurs convoitises.

Ah ! ouvrons donc les yeux, entendons-nous. Plus de malentendus, plus de discorde, plus de haine, proclamons l'union, proclamons-la sincèrement, et pour qu'elle soit durable, définitive, pensons que la fortune de la France est à refaire, que son industrie a besoin de rallumer ses fourneaux ; que sa littérature, belle, imposante et fière, et toujours placée à la tête des autres littératures, veut continuer sa marche triomphante, éclairant les peuples, prodiguant les enseignements ; que nos arts, sans rivaux, ne demandent qu'à persévérer dans la toute majesté du beau.

La main dans la main, repoussons toutes les compétitions actuelles, aimons-nous, travaillons, nous avons devant nous quatre années d'une stabilité garantie, pour reprendre notre place de première nation. Cette place nous revient par notre commerce, notre industrie, notre littérature, nos arts, par nos soldats, — oui, par notre armée, qui sera toujours la première malgré ses derniers revers, — et si en 1880, notre esprit versatile n'a pas changé, nous proclamerons le principe qui aura le mieux mérité de la patrie.

III

La France a-t-elle une opinion politique ?

En toute assurance nous pouvons nous dire — quelles que soient nos préférences, nos sympathies, nos idées — que nous n'avons pas d'opinion, et que la France n'est ni républicaine, ni bonapartiste, ni monarchiste.

Cela nous semble extraordinaire, et à la pensée que nous pouvons fort bien ne pas avoir d'opinion politique, et que la France n'appartient nullement à aucun de ces partis qui se la disputent sans égards pour elle, nous nous écrions :

— Ce n'est pas possible !.....

— Cet ouvrier travailleur, honnête, qui fait de si jolies choses, et cet autre qui fait des pieds de nez à la société qu'il déteste, est bien républicain.

— Ce monsieur, à l'air important et si dévoué à l'amélioration de la race chevaline, est bien bonapartiste.

— Cet autre, ce bon bourgeois, cet industriel, ou ce négociant, qui taille de la besogne à la classe ouvrière, lance des commis voyageurs sur tous les points du globe, et qui sait s'enrichir, est bien un orléaniste.

— Et ce gentilhomme, blasonné sur toutes les coutures et si fier de ses ancêtres, est certainement un royaliste.

Puis n'avons-nous pas les dernières élections?

Sur 9 millions 872 mille 739 électeurs inscrits (1), n'y a-t-il pas eu :

Voix républicaines..........................	4,091,265
Voix monarchistes..........................	1,811,949
Voix bonapartistes..........................	1,396,883

Ces chiffres démontrent que nous avons bien une opinion, et que la majorité des voix dit que l'opinion nationale est républicaine.

Ce qui précède nous semble d'une évidence incontestable : les Français ont bien une opinion.

Mais faisons taire nos sympathies et nos répulsions, et calmes et raisonnables, interrogeons, avec l'impartialité qui pourrait se trouver en nous, les chiffres ci-dessus.

Que disent ces chiffres?

Ils disent que — sur 9 millions 872 mille 739 électeurs inscrits, il n'y a que 7 millions 391 mille 058 votants ;

Ils disent que — 2 millions 481 mille 681 abstentions démontrent qu'il existe parmi nous une très grande indifférence en matière politique ;

Ils disent que — les 180 mille 981 voix perdues prouvent une certaine indécision dans les opinions;

Et il est à la connaissance de tous que des milliers de citoyens ne se sont pas fait inscrire sur les listes électorales.

Jetons un coup d'œil sur le passé, et nous verrons combien est grande la versatilité de nos opinions politiques.

En 1848, 20 décembre, Louis Bonaparte, devenu *prince* par le fait de la Révolution, qui avait cependant aboli les titres de noblesse, est proclamé Président de la République par 5 millions 534 mille 520 suffrages, contre 1 million 879 mille 298 : — 3 millions 655 mille 232 voix de majorité en faveur d'un Napoléon, d'un descendant de la famille que les républicains détestaient tant.

En 1851, 2 décembre, le plébiscite : — 7 millions 489 mille 216 pour Napoléon, 640 mille 737 contre. Ainsi, le lendemain de son coup d'Etat, un chef de pouvoir exécutif obtient 6 millions 789 mille 479 voix de majorité! — C'était la France approuvant l'arrestation de ses représentants, la dissolution de son Assemblée; c'était les Français républicains approuvant un acte antirépublicain.

En 1852, 2 décembre, la République, qui n'était plus le principe de nos convictions, est mise à la porte par 7 millions 824 mille 189

____

(1) Voir la *Petite Presse* du 4 mars.

suffrages, contre 253 mille 145. C'est-à-dire que la France, après avoir joué avec la République, pendant quatre années, voulut voir encore une fois ce que ce jouet contenait, et n'y ayant découvert que du foin, il le brisa complétement et accorda à l'empire — si décrié — une majorité de 7 millions 571 mille 044 voix.

Après nous être tant remués, il n'est pas surprenant que nous ayons fini par éprouver un peu de fatigue, et comme nous aimons le bien-être, nous voulûmes bien nous reposer.... en nous fatiguant dans les plaisirs de toutes sortes que nous donna un empereur, durant une vingtaine d'années.

Mais quelques-uns trouvèrent que ce n'était plus drôle, que c'était devenu monotone, qu'il fallait changer le programme et donner à l'inconstance de notre esprit politique quelque chose de nouveau. De là, taquineries, vexations de toutes sortes. L'empire agacé demande un nouveau plébiscite, qui répondit par une écrasante majorité — qui restera dans les annales du suffrage universel, — que la France était impérialiste, depuis la plante des pieds jusqu'à la racine de ses... carottes.

Les républicains subirent une défaite humiliante. La France ne voulait plus être républicaine, c'était évident.

Nos défaites arrivent; nous sommes perdus, et les royalistes, les cléricaux, qui étaient regardés comme des oiseaux de mauvais augure, comme des êtres ayant fait tous nos malheurs, comme des antinationaux, sont appelés à former une Assemblée nationale.

Sommes-nous arrivés au terme de nos caprices politiques? Non.

Voici que notre politique complaisante devient une science géologique. Nos anciennes idées, à force d'être piétinées, forment une couche. Nos géologues n'y comprennent rien. Mais nos avocats comprenant tout, découvrent la nouvelle *couche sociale*, et nous constituons un Sénat républicain, une Chambre républicaine.

Est-ce fini?

Avons-nous décidément une opinion, sommes-nous vraiment républicains?

IV

Sommes-nous Républicains?

— Non! non! non!

— Comment donc? Mais le suffrage universel dit: Oui.

Nous faisons erreur, nous nous trompons, nous nous faisons illusion sur une chose, sur un fait qui est cependant bien évident.

Où avons-nous vu et constaté que le suffrage universel ait dit: Oui! que nous étions républicains?

— Aux dernières élections!

— Justement, aux dernières élections, au 20 février et au 5 mars, le suffrage universel a catégoriquement répondu que nous ne sommes pas républicains ; le suffrage universel a bien répondu que la majorité n'est pas en faveur de la République.

Consultons les chiffres et voyons ce qu'ils répondent.

Ils répondent qu'il y a en France 1 million 811 mille 949 monarchistes et 1 million 396 mille 883 impérialistes ;

Ils répondent que les voix des monarchistes et des impérialistes additionnées, font 3 millions 208 mille 832 suffrages non républicains ;

Ils répondent que les 2 millions 481 mille 681 abstentions, ajoutées aux votes exprimés des monarchistes et des impérialistes, nous donnent un total de 5 millions 690 mille 513 voix qui n'acclament pas la République ;

Ils répondent que si la République a obtenu 4 millions 91 mille 265 votes, 5 millions 690 mille 513 Français disent, par leurs votes, qu'ils n'aiment pas la République, et, par leurs abstentions, qu'elle leur est complétement indifférente ;

Ils disent, enfin, qu'une majorité composée de 1 million 599 mille 248 suffrages exprimés et non exprimés, sans compter les 180 mille 961 votes perdus, démontre que nous devons nous défaire de nos prétentions républicaines.

Et, franchement, sommes-nous certains que les 4 millions 091 mille 265 suffrages soient sincèrement républicains ?

N'y a-t-il pas, dans ce nombre, des bulletins jetés par bien des concitoyens n'aimant pas le changement, par des commerçants qui se sont peut-être dit, avant d'aller remplir leur devoir de citoyens :

— Certes, nos sympathies sont pour l'empire ou la monarchie. Mais comme nous avons là, à notre tête, un homme honnête et fort, qui saura maintenir l'ordre et faire respecter les intérêts de chacun, et que cet homme, d'une grande conscience, nous garantit encore quatre années de repos, au nom de la République — qui n'est vraiment qu'une bien pâle étiquette, sur laquelle nos pharmaciens politiques ont écrit : à l'usage externe des interrègnes — nous pouvons voter sans crainte pour l'état actuel, auquel nous ne ferons aucune opposition, et, sachant profiter d'une paix certaine, nous travaillerons à augmenter nos revenus et ceux du pays. Nous avons assez perdu d'argent en renversant et remettant sur pied les gouvernements. Ce n'est point travailler pour gagner, c'est travailler pour perdre, nous l'avons appris à nos dépens. Aussi, nous ne voulons plus faire déménager si souvent les gouvernants. Nous n'aimons pas la République, et nous ne ferons rien pour lui donner son congé ; les turbulents, ceux qui n'ont rien à perdre, ont l'air de se tenir tranquilles et à peu près contents ; profitons pour remplir notre escarcelle, d'ici 1880 nous avons le temps de lui donner une certaine rondeur, et si, à cette époque, les chicards de la politique dansent le quadrille infernal et donnent leur charivari habituel, nous n'aurons pas perdu notre temps et tout ne sera pas perdu pour nous. Ah ! mes amis, soyons doux... chut ! ne faisons pas de bruit, ne contrarions pas, disons comme tout le monde, les opinions, qu'est-ce que ça peut nous faire, nous n'en voulons pas avoir... Monarchie, Empire, République, des mots, des mots, tout cela! Ne crions pas : Opinion! mais disons-nous tout bas : Position! Voilà qui résonne mieux aux oreilles de nos intérêts. — Nous avons quatre ans devant nous, amis, chut!... chut!... n'arrachons pas... tout doux, tout doux!... Votons pour la République... quitte à voter plus tard pour un autre gouvernement, si ceux qui s'occupent de ces choses-là nous en donnent un nouveau. Ayons pour principe : Voter pour le gouvernement établi. Ne dût-il durer que quinze jours, pendant cette quinzaine, nous trouverons bien le moyen de faire le gain d'une pièce de cinq francs. C'est peu, mais, dame! c'est autant de gagné. Les petits ruisseaux font bien les grandes rivières. Les francs peuvent bien faire aussi les capitaux... Chut! chut! tout doux... tout doux... n'arrachons pas. Là, nous avons voté pour la République, et nous allons essayer de mettre nos idées en pratique.

Il est donc fort possible que les 4 millions 091 mille 265 voix, ayant nommé une Assemblée dont la majorité est républicaine, ne soient pas franchement républicaines. Ajoutons les milliers de concitoyens qui ne se sont pas fait inscrire sur les listes électorales; et étant connu que les partisans de la démocratie sont enrégimentés, disciplinés, empressés de se faire inscrire et obéissent avec entrain à leurs chefs de file, nous pouvons supposer que la majorité des non inscrits appartient plutôt aux partis opposés, aux voix perdues, aux abstentions.

Non, la France n'est pas républicaine. Et, croyons-le bien, en France, comme nous le disions dans le *Progrès national* de Troyes, nous tenons beaucoup au mot et nous aimons fort peu la chose. Tout le monde dit : liberté! et tout le monde se prête volontiers au sacrifice de toutes les libertés, dès qu'elles doivent faciliter les intérêts des autres et non les nôtres. Toutes les facilités de la vie pour nous, mais tous les obstacles, tous les empêchements pour autrui. La prison pour vous, mais la liberté pour moi. Égoïsme et rien qu'égoïsme!

V

La France est-elle Bonapartiste ?

Certes, avant les dernières élections, et nous rappelant les années de gains et de plaisirs de toutes sortes que l'empire nous avait données, nous étions presque certains que nous allions lui en tenir compte, en nommant une Chambre armoriée d'aigles et d'abeilles.

Mais, hélas! nous sommes, paraît-il, des nationaux bien ingrats, nos amours sont inconstantes, nos idoles sont souvent foulées sous nos talons !

De cela, nous en convenons, mais il nous déplaît qu'on nous le répète, nous n'aimons pas les *scies*. Nous savons fort bien que nous élevons des statues auxquelles, quelque temps après, nous passons une corde au cou; que nous érigeons de hautes colonnes qui nous rappellent un fait glorieux, un acte qui flatte notre amour-propre; mais comme nous n'aimons pas, malgré notre goût d'être loués, à voir toujours la même chose, nous finissons par nous fatiguer, même de ce qui fait notre éloge, et dans un moment d'agacement, pan ! nous donnons un coup, et voilà que nous faisons dégringoler les monuments de nos gloires nationales. Il est vrai que nous nous empressons de les relever, car nous aimons — quand même — tout ce qui flatte nos actions. Nous convenons de ce travers de notre caractère. Mais ce n'est pas par ingratitude, et après avoir répondu par un éloquent plébiscite que nous approuvions l'empire dans tout ce qu'il avait fait jusque-là, que nous avons rougi de lui. Mais c'est parce que, si nous excusons les fautes, nous ne pouvons pardonner le déshonneur de notre nationalité.

Il est certain que nous aimions l'empire, non pas tant parce qu'il nous avait enrichis, mais parce qu'il descendait d'un grand capitaine, ayant continué notre tradition aimée, notre plaisir dominant : battre les autres.

Napoléon Ier, malgré ses fautes, nous dirons même, malgré ses crimes, avait tenu ferme, au haut du nouveau drapeau tricolore, les fières et honorables traditions du vieux et glorieux drapeau blanc.

Napoléon Ier, imbu, inspiré, excité par le souvenir des grandes actions de nos rois, sut conserver, sinon pour lui, pour la nation, l'honneur des glorieux exploits, et surtout l'honneur du nom français. Napoléon Ier a pu avoir à se reprocher quelques fautes, quelques actes arbitraires, dont la responsabilité pesait sur lui seul, mais on n'a pas à lui reprocher aucune action personnelle ayant fait rejaillir sur la nation entière la honte et l'humiliation, les regrets et le deuil.

Oui, nous aimions l'empire, continué par Napoléon III. Le dernier plébiscite en fut la preuve, et le jour même de sa chute, il y eut quelques regrets sur sa fin. Mais au lendemain, lorsque nous apprîmes que l'épée de la France, portée par le 3e Napoléon, avait été rendue, tandis qu'il restait encore quatre-vingt mille hommes pour la défendre; lorsque nous sûmes que cette épée avait été remise à l'ennemi sans qu'elle eût été demandée, et qu'un souverain de la France, avant si glorieuse et si honorable, peu touché de nos malheurs et insouciant de son propre honneur, s'en était allé prisonnier, une main sur son côté désarmé et lançant dans l'air, encore tout imprégné de l'odeur du sang français versé à flots, les bouffées d'une cigarette qu'il portait à ses lèvres avec une crânerie et une désinvolture peu dignes d'un Français, surtout d'un Français vaincu, ô Napoléon III, ce jour-là, la France qui s'indigne facilement quand on porte atteinte à sa noble fierté, rougit de toi, rougit d'elle-même, car elle t'avait eu pour empereur; elle se sentit si touchée, si blessée dans son honneur, qu'elle baissa la tête et but toute l'amertume que renfermait cette honte que tu faisais rejaillir sur elle. Notre pays n'eut pas la force de te maudire.

Mais au 20 février et au 5 mars, lorsque tes partisans osèrent avec impudence se présenter, le front haut et le cœur... léger, pour nous demander nos suffrages, nous nous sommes tout à coup souvenu et nous avons répondu : Non !

Ton principe ne nous déplaisait pas tout à fait, mais le souvenir de Sedan est trop humiliant pour que nous ayons pu t'oublier et penser que ton fils pourrait bien un jour effacer cette tache répandue sur le nom de Bonaparte.

La France, par ce qui précède et par la minorité des votes donnés aux candidats impérialistes, n'est donc pas bonapartiste.

VI

La France est-elle Monarchiste ?

Sur 7 millions 391 mille 058 votants, la monarchie n'a obtenu que 1 million 811 mille 949 suffrages.

La France n'est donc pas monarchiste.

Du reste, les monarchistes ne le prétendent pas. Ils savent fort bien que ce noble et glorieux principe, quand même respecté de tous, n'est plus aujourd'hui la doctrine observée par le plus grand nombre, mais seulement le culte des beaux souvenirs que quelques gentils-hommes conservent dans leur conscience droite et élevée, et dans leur cœur ferme et dévoué. Ils savent fort bien qu'à notre époque de positivisme, de mesquineries, de petites choses et de petits hommes, et où la femme, seule, a conservé la tradition du gracieux et du bien, les idées de gloire, de dévouement, de conquêtes morales et intellectuelles sont tombées dans le domaine de la médiocrité, de la fausse modestie et des défaites.

Mais ce qu'ils ne savent pas, ce dont ils ne se rendent pas compte, c'est que le principe créateur de la patrie serait aujourd'hui le régime qui nous régirait, s'ils avaient eu plus de sens politique ; s'ils avaient mis un seul instant en pratique les moyens qu'ils s'efforçaient, qu'ils s'efforcent encore, de démontrer dans les salons ; s'ils s'étaient élancés dans la mêlée avec cette hardiesse, avec cette bravoure qui animaient jadis nos ancêtres ; s'ils ne s'étaient laissé prendre par les finesses, par les habiletés, dans les mailles d'une politique tortueuse ; s'ils avaient été plus vigilants et ne s'étaient endormis sur des promesses trompeuses, aujourd'hui, avec la belle maison de France reconstituée, nous serions en pleine régénération. Le soleil royal, nous baignant de ses chauds rayons, nous pénétrerait et nous vivifierait. Ce serait la nouvelle renaissance de la patrie. Après la crise, nous serions dans l'apaisement. Le trône des Francs, reposant enfin sur la paix intérieure, serait l'autel de la patrie sur lequel le mérite recevrait sa récompense, la vertu sa couronne, et où monterait l'encens donné aux actions méritoires.

Si les royalistes ont fait quelques tentatives pour ramener la royauté, ces tentatives ont été mal faites, et, dans leur essai de réstauration monarchique, ils ont été très-inhabiles. Et quand l'occasion s'est présentée de briser une lance, ils l'ont fait avec mollesse ou ils ont déserté l'arène.

Ils ont eu l'occasion, dans les réunions publiques, de faire connaître la vérité sur la monarchie qu'on calomniait, ils ne s'y sont pas présentés. Dans les journaux, ils parlaient du principe sans le faire connaître. Ils dissertaient sur tout, excepté sur l'histoire. Ils écrivaient sans cesse les louanges du roi, qui n'a jamais eu besoin d'être loué, au lieu de faire connaître, en détail, les moindres fautes, le plus petit défaut du parti adverse. Au lieu de mettre constamment en parallèle les états de service des autres partis avec ceux de la monarchie, ils discutaient sur des lieux communs, sur des personnalités, sur des infiniment petits. On les attaquait, ils ripostaient avec emportement, en perdant le sang-froid.

Il y en a qui sont allés jusque sur le terrain, et, par l'effet d'une simple et anodine égratignure faite à la main, ont déclaré que l'honneur de la monarchie était sauf, que l'insulte faite au principe était effacée!

C'était avec les armes parlantes de la vérité qu'il fallait répondre aux calomnies et aux mensonges; c'était avec le calme de la foi qu'il fallait réduire à néant les haineuses accusations de l'incrédulité; c'était avec la science qu'il fallait imposer silence à l'ignorance envieuse.

Autrement, où serait donc le mérite de notre principe, où serait la supériorité de nos doctrines qui découlent de ce principe?

Si à la brutalité on répond par la brutalité, où résiderait la dignité?

Si aux insulteurs vous répondez par l'insulte, vous établissez un parallèle qui diminue le prestige de ce que vous défendez.

Non.

Répondez à tout et à tous avec la douceur de l'homme fort, de l'homme qui sait que son principe est si élevé que rien ne peut l'atteindre et le ternir : tout expire à la base de la haute colonne que vous lui avez élevée, pour sa glorification.

On ne doit pas songer à défendre ce qui n'a pas besoin d'être défendu, on ne doit penser qu'à faire des prosélytes, et cela par la douce persuasion.

Les monarchistes sont respectés de tous, car on sait qu'ils n'ont jamais pactisé avec les traîtres et le déshonneur; mais nous affirmons qu'ils se sont trompés, qu'ils ont été d'une inhabileté flagrante.

Il fallait, Messieurs, apprendre au peuple, à ce pauvre et naïf peuple qu'on laisse dans l'ignorance, que si nous avons aujourd'hui la qualité de Français, que si nous avons une patrie, nous ne le devons qu'au principe monarchique, né avec la nation; que si nous avons une nationalité, nous ne la devons qu'à nos Rois qui, endossant la pesante armure, la lourde épée au poing, bravant les dangers, vivant de la vie du soldat, surent, à force de vaillance et de sage prévoyance, former notre nationalité et donner une patrie à un peuple nomade.

Au neuvième siècle, la France n'existait pas, et c'est bien et incontestablement la monarchie qui l'a créée et mise au nombre des nations, c'est la monarchie qui est la mère de la France. Nous devons :

La Normandie et la Touraine à Philippe le Bel.

Le Berry à Philippe 1er.

Le Languedoc à Philippe le Hardi.

Par le mariage de Philippe le Bel avec la comtesse Jeanne, la France s'agrandit de la Champagne.

Le Dauphiné nous a été donné par Philippe VI.

Le Poitou, l'Aunis, la Saintonge et l'Angoumois furent conquis sur les Anglais par Charles V.

La Guyane fut conquise sur l'Angleterre par Charles VII.

La Bourgogne, la Picardie, l'Anjou et la Provence ont été ajoutés à la France par voie d'hérédité, par Louis XI.

La Marche, l'Auvergne et le Bourbonnais ont été conquis par François 1er.

La Bretagne a été annexée par Louis XII.

Le comté de Foix, le Limousin, la Gascogne et le Béarn nous viennent de Henri IV.

L'Artois, la Flandre, la Franche-Comté, le Roussillon et l'Alsace perdue, de Louis XIV.

La Lorraine perdue et la Corse, nous les devons à Louis XV.

Nos possessions d'Afrique nous viennent de Charles X.

A qui devons-nous nos monuments qui font notre renommée artistique ? A la monarchie.

Nos belles toiles, nos belles sculptures ? A la monarchie qui savait encourager tous les efforts qui avaient notre gloire pour but.

Nos siècles littéraires n'ont existé que sous nos rois.

A l'époque où la comptabilité était en enfance, nos finances étaient beaucoup plus prospères, et pour ne citer que l'époque la plus rapprochée, nous apprendrons au peuple que sous Charles X, la France payait un budget de 900 millions et réalisait une économie de 300 mille francs par jour.

La Restauration avait dégrevé de 90 millions l'impôt foncier, que la révolution de 1848 greva ensuite de 45 centimes par franc de principal.

La conscription n'existait pas sous la monarchie, et si nos rois ont fait tuer du monde, ce n'étaient pas des Français. Nos rois se servaient d'Allemands, de Suisses, d'Espagnols, etc., les enfants étaient laissés aux foyers de leurs familles, élevés dans ces saintes croyances qu'on méconnait aujourd'hui.

Enfin, je pourrais accumuler les citations, pour démontrer qu'il y avait énormément de choses à apprendre au peuple. Mais au lieu de cela, la plupart de ceux qui se piquent d'être royalistes ne songeaient qu'à discourir avec ceux qui n'avaient pas besoin d'être ni instruits, ni convaincus.

Bref, si aujourd'hui nous ne crions pas : Vive le Roi, gloire à la France ! Nous ne devons nous en prendre qu'aux monarchistes eux-mêmes, qui n'ont pas su s'y prendre. Et c'était cependant bien aisé, car nous n'avons pas le tempérament républicain. Même quand les passions réclament la République, les instincts s'y répugnent, et c'est un roi que nous cherchons jusque sous la redingote d'un président de la République.

Mais avant tout, qu'aucun parti ne s'illusionne, c'est le changement qu'il faut à notre caractère. Nous sommes la nation qui s'amuse. Notre âme, c'est le mouvement ; notre nourriture, les plaisirs à grandes guides ; les élans de nos cœurs, le libre exercice de nos facultés, l'entière liberté de donner un cours sans obstacles à nos enthousiasmes sont nos satisfactions. Et c'est extraordinaire : ce sont bien nos défauts qui font nos qualités et répandent sur le monde entier une influence d'où s'échappent, et le progrès moral et physique, et la civilisation bienfaitrice. Nous n'avons pas de vertus, nous n'avons que des qualités ; et comme nous parlons sans cesse des vertus républicaines, et comme nous ne sommes pas vertueux, nous ne pouvons pas être républicains.

VII

Conclusion.

D'après les résultats des dernières élections, la France n'appartient donc à aucun parti. Et, tant que tous les Français jouissant de leurs droits civils n'auront pas voté ; — tant qu'il y aura des abstentions, des voix perdues, des non inscrits, aucun principe politique ne peut être admis comme étant le principe national.

Tant que le suffrage universel n'aura pas donné toute sa mesure, nous ne pourrons savoir où réside au juste la véritable majorité nationale.

Pour que le suffrage universel soit réellement universel, il faudrait que le Gouvernement fît faire un minutieux recensement électoral, comme l'on fait pour le recensement de la population, et, par une loi sévère, forcer tous les Français à exprimer leur opinion.

En attendant, nous avons le droit d'affirmer que la France n'est ni républicaine, ni bonapartiste, ni royaliste.

La France est aujourd'hui commerciale, industrielle et artistique.

Et envers et contre tous, la France est encore le soldat de Dieu.

Paris. — Imp. Dubuisson et Cᵒ, rue Coq-Héron, 5

www.ingramcontent.com/pod-product-compliance
Lightning Source LLC
Chambersburg PA
CBHW050724070726
47597CB00009B/3777